ODE
A MONSEIGNEVR
LE CARDINAL
DVC DE
RICHELIEV.

A PARIS,
Chez IEAN CAMVSAT, ruë
sainct Iacques, à la Toyson d'Or.

M. DC. XXXVII.

ODE
A MONSEIGNEVR LE CARDINAL DVC DE RICHELIEV.

GRAND RICHELIEV, de qui la gloire
Par tant de rayons esclatans
De la nuit de ces derniers Temps
Esclaircit l'ombre la plus noire;
Puissant Esprit, dont les travaux
Ont borné le cours de nos maux,
Accomply nos souhaits, passé nostre esperance;
Tes celestes Vertus, tes Faits prodigieux,
Font reuoir en nos iours, pour le bien de la France,
La force des Heros, & la bonté des Dieux.

Mais bien que ſous ton grand Genie
Le Courage & le Iugement,
De noſtre heureux Gouuernement
Compoſent la douce harmonie;
Bien que tes ſuperbes lauriers
S'égalent à ceux des Guerriers,
Dont les ſiecles paſſés racontent les miracles;
N'atten pas toutesfois que ie chante aujourd'huy
La Prudente Valeur, qui malgré tant d'obſtacles
T'a rendu des Humains le Refuge, & l'Appuy.

Ie trouue en moy trop de foibleſſe
Pour celebrer des Actions,
A qui cedent les fictions
De l'Italie & de la Grece;
Parmy les brillantes clartés
Qu'elles iettent de tous coſtés,
Si ie l'entreprenois ie ſerois temeraire;
Il faut tant de vigueur pour s'en bien acquiter,
Que ſans le feu diuin de Virgile ou d'Homere,
Il n'eſt point de mortel qui le doiue tenter.

Aussi quelque chaleur ardente
Qui pour toy m'embrase le sein,
Lors que ie pense à ce dessein
La majesté m'en espouuante;
Ie ne dispute point ce prix
Auec tant de rares Esprits,
Qui l'ont choisi pour but de leurs sçauantes veilles;
Et de ces Actions contemplant la hauteur,
De peur d'en profaner les augustes merueilles,
Ie veux dans le silence en estre adorateur.

Le long des riues de Permesse
La trouppe de ses Nourrissons
Medite pour toy des chansons
Dignes de l'ardeur qui les presse;
Ils sentent ranimer leurs voix
A l'object de tes grands Exploits,
Et font de ta loüange vn concert magnifique;
La grauité s'y mesle auecque les douceurs,
Apollon y preside, & d'vn ton heroïque
Fait soustenir leur chant par celuy des neuf Sœurs.

Ils chantent quel fut ton merite,
Quand au gré de nos matelots
Tu vainquis les vents & les flots,
Et dontas l'orgueil d'Anfitrite;
Quand nostre Commerce affoibly
Par toy puissamment restably
Dans nos Havres deserts ramena l'Abondance,
Et que sur cent vaisseaux maistrisans les dangers
Ton Nom seul aux François redonna l'asseurance,
Et fit naistre la crainte au cœur des Estrangers.

Ils chantent les riches trofées
Des dépoüilles de nos Mutins,
Quand de nos troubles intestins
Les flammes furent estouffées;
Quand la Reuolte dans son Fort
Par vne affreuse & longue mort
Paya si cherement l'vsure de ses crimes;
Et que ses boulevards en fin assujetis
Contre les appareils des Armes legitimes
Implorerent en vain le secours de Thetis.

Ils chantent l'insigne auantage
Par nous sur l'Aigle remporté,
Lors qu'vn Prince persecuté
Fut remis dans son heritage.
Ils descriuent l'horrible Pas,
Où par cent visibles trespas
On creut de nostre Camp retarder la vaillance;
Et figurent encore au milieu de nos rangs
Themis qui te presta son fer & sa balance,
Afin de decider ces fameux differens.

Ils chantent l'effroyable foudre,
Qui d'vn mouuement si soudain
Partit de ta puissante main
Pour mettre Pignerol en poudre;
Ils disent que tes bataillons,
Comme autant d'espais tourbillons,
Esbranslerent ce Roc iusques dans ses racines;
Que mesme le Vaincu t'eut pour Liberateur,
Et que tu luy bastis sur ses propres ruïnes
Vn rempart eternel contre l'Vsurpateur.

Ils chantent nos Courſes guerrieres,
Qui plus rapides que le vent
Nous ont acquis en te ſuiuant
La Meuſe & le Rhein pour frontieres ;
Ils diſent qu'au bruit de tes Faits
Le Danube creut deſormais
N'eſtre pas en ſon antre aſſeuré de nos Armes ;
Qu'il redouta le ioug, fremit dans ſes roſeaux,
Pleura de nos ſuccez, & groſſy de ſes larmes
Plus viſte vers l'Euxin precipita ſes eaux.

Ils chantent tes Conſeils vtiles,
Par qui malgré l'art des meſchans
La Paix refleurit dans nos champs,
Et la Iuſtice dans nos villes ;
Ils diſent que les Immortels
De leur culte & de leurs Autels
Ne doiuent qu'à tes ſoins la pompe renaiſſante,
Et que ta Preuoyance & ton Authorité
Sont les deux forts Appuis dont l'Europe tremblante
Souſtient et r'affermit ſa foible Liberté.

Ainsi l'illustre renommée
De tes progrés victorieux
Auec vn bruit harmonieux
Par toute la terre est semée :
Mais tu ne sçaurois supporter
Qu'on face ta gloire esclater,
Ses moindres ornemens blessent ta modestie :
De tes propres Exploits tes yeux sont esbloüis
Tu n'en peux auouër vne seule partie,
Et veux qu'ils soient tous deus à l'honneur de LOVIS.

Lors que dessus nostre hemisphere
Ton feu se monstre sans pareil,
Tu crois l'emprunter du Soleil
Qui seul nos Prouinces esclaire :
De mesme que sur l'horison,
Durant la bruslante saison,
Vn Astre en plein midy quelquefois estincelle ;
Bien que semblable à ceux dont se pare la nuict,
Il emprunte son feu de la Flamme eternelle
Qui seule dans les Cieux d'elle-mesme reluit.

Ton esprit humble s'imagine
Qu'en ta haute felicité
Ton esclat n'est qu'obscurité
Si ton Prince ne t'illumine ;
Tu consideres ta splendeur
Comme vn rayon de sa grandeur
De qui superbement ta Pourpre est embellie ;
De sa seule clarté tu la penses tirer,
Et lors que sa lumiere à la tienne s'allie
C'est alors seulement que tu crois esclairer.

Toutesfois en toy l'on remarque
Vn feu qui luit separement
De celuy dont si viuement
Resplendit nostre grand Monarque ;
Comme le Pilote égaré
Voit en l'Ourse vn feu separé
Qui brille sur sa route & gouuerne ses voiles ;
Ce pendant que la Lune accomplissant son tour
Dessus vn char d'argent enuironné d'estoilles
Dans le sombre Vniuers represente le iour.

Bien que ton zele ineſtimable
Conſacre au Maiſtre que tu ſers
Ce que les Terres et les Mers
T'ont veu faire d'inimitable,
Il te reſte encore des biens
Qui ne ſçauroient eſtre que tiens,
Au partage deſquels tu ne reçois perſonne;
Ma Muſe auec tranſport reconnoiſt ces threſors,
Et pour les publier me choiſit & m'ordonne
Que i'eſleue ma voix, & ſuiue ſes accords.

Ie ſens que ſa fureur m'inſpire
Pour rendre hommage à tes Vertus,
Et que mes eſprits abbatus
S'eſueillent au ſon de ſa lyre;
Par elle ton ſein m'eſt ouuert,
Ie voy ton ame à deſcouuert,
Ie voy que tu languis d'vne diuine flamme,
Que ton cœur eſt armé de conſtance & de foy,
Que ta ſage conduitte eſt au deſſus du blaſme,
Et que ta renommée eſt bien moindre que toy.

Ie pourrois parler de ta race,
Et de ce long ordre d'Ayeux,
De qui les beaux noms dans les Cieux
Tiennent vne si belle place;
Dire les rares qualités
Par qui ces Guerriers indontés
Adiouſtent tant de luſtre à nos vieilles Hiſtoires;
Et monſtrer aux Mortels de leur gloire eſtonnés
Quel nombre de combats, d'aſſauts, & de victoires,
Les rend dignes des Roys qui nous les ont donnés.

Mais i'ayme mieux les grands exemples
D'amour & de fidelité,
Qui de noſtre Aage ont merité
Des ſacrifices & des temples;
I'ayme mieux les Penſers ardens,
Qui deſtournent les accidens
Dont l'aueugle Deſtin menace nos Prouinces;
I'ayme mieux l'équité des ſublimes Proiets
Conceus pour reprimer les Peuples, & les Princes,
Les injuſtes Voyſins, & les mauuais Sujects.

De quelque insupportable injure
Que ton renom soit attaqué,
Il ne sçauroit estre offusqué,
La lumiere en est tousiours pure ;
Dans vn paisible mouuement
Tu t'esleues au Firmament,
Et laisses contre toy murmurer sur la terre ;
Ainsi le haut Olympe à son pied sablonneux
Laisse fumer la foudre, & gronder le tonnerre,
Et garde son sommet tranquille & lumineux.

Tu vois dessous toy l'Iniustice
Tascher en vain de t'offenser,
D'vn regard tu peux renuerser
Et l'insolence & l'Artifice ;
Ton Courage aux Monstres fatal
Est tousiours plus fort que le mal ;
Sur le solide Honneur sa base est establie ;
Le Droit & la raison l'accompagnent tousiours,
Et sans que sa vigueur soit iamais affoiblie
Qu'on cede ou qu'on resiste, il va d'vn mesme cours.

Sur toy-mesme tu te reposes,
Et dans le peril apparent
Tu vois d'vn œil indifferent
La vicissitude des choses ;
D'vn ferme esprit tu te resous
A complaire aux vœux des jaloux
Dont l'aggrandissement sur ta perte se fonde ;
Du timon enuié tu retires les mains,
Et presses pour remettre au premier ROY du monde
Le soin qu'il t'a commis du salut des Humains.

Ton propre bon-heur t'importune
Alors qu'il fait des mal-heureux,
On voit que tu souffres pour eux
Et que leur peine t'est commune ;
Quand leurs efforts sont impuissans
Contre tes Actes innocens,
Dans leur desastre encor ta bonté les reuere ;
Tu les plains dans les maux dont ils sont affligés,
Et demandes au Ciel d'vn cœur humble & sincere
Qu'ils vueillent seulement en estre soulagés.

Tu n'es point charmé des richesses,
Les dons ne te peuuent tenter;
Et tu n'en sçaurois accepter
Que pour en faire des largesses;
Si ton Prince outre ton souhait
T'honnore de quelque bien-fait,
Soudain tu le respans en des graces diuerses;
Tu n'en as que la fleur, nous en auons le fruict,
Receuant les faueurs aussi-tost tu les verses,
Et le bien qui te cherche en mesme temps te fuit.

Au milieu de l'inquietude
Qui regne dans le champ de Mars,
Tu veilles pour tirer les Arts
De misere & de seruitude;
C'est par toy seul que pour iamais
Du Mont aux deux sacrés sommets
L'ignorance s'escarte, & l'Erreur est bannie,
Ta main qui rend la vie à nos Estats mourans,
Par qui nos Alliés sortent de tyrannie
Affranchit l'Helicon du ioug de ses Tyrans.

Mais, ô coupable negligence,
O Muse, pourquoy passes-tu
Sa plus memorable Vertu
Sous vn injurieux silence?
Touche ta lyre encore vn peu,
Et luy fay chanter le beau feu
Que le Bien du Public en ses veines allume;
De son embrasement tu connois la grandeur,
Tu sçais que dans ce feu sa force se consume,
Et qu'il n'est plus viuant que par sa seule ardeur.

Par elle son ame est nourrie,
C'est d'elle qu'il tient sa vigueur;
Il vit, mais il vit en langueur,
Lors qu'il voit languir sa Patrie;
Comme elle il sent ses desplaisirs,
Il ioint ses pleurs à ses souspirs,
Par ses gemissemens il respond à ses plaintes;
S'il vit c'est seulement afin de la guerir,
Il s'offre à receuoir ses mortelles atteintes,
Et pourueu qu'il la sauue il consent de perir.

Durant

Durant la plus fiere tempeste
Il abandonne son salut,
Et n'a pour veritable but
Que d'en garentir nostre teste;
Auec quelque noire fureur
Que pleins de colere & d'horreur
Le Ciel tonne sur nous, & le sort nous poursuiue;
A leurs traits inhumains il s'expose pour nous,
Et parmy les transports d'vne amour excessiue
Il n'est point de tourment qui ne luy semble doux.

Dans sa conduitte iuste & saincte
Il demeure en tranquillité,
Et son repos n'est agité
Ny d'esperance ny de crainte;
La menace ny le pouuoir
Ne l'ont sceu iamais esmouuoir,
Et iamais nuls appas n'ont son ame surprise;
L'Or pour luy cesse d'estre vn metal pretieux,
La Beauté perissable est vn bien qu'il mesprise,
Pour l'vn il est sans mains, & pour l'autre sans yeux.

Esbloüy de clartés si grandes,
Incomparable RICHELIEV,
Ainsi qu'à nostre Demy-dieu
Ie te viens faire mes offrandes;
L'équitable siecle auenir
Adorera ton souuenir,
Et du siecle present te nommera l'Alcide;
Tu seruiras vn iour d'object à l'Vniuers,
Aux Ministres d'exemple, aux Monarques de guide,
De matiere à l'Histoire, & de subiect aux Vers.

CHAPELAIN.

www.ingramcontent.com/pod-product-compliance
Lightning Source LLC
LaVergne TN
LVHW010318230826
846091LV00009B/3719

* 9 7 8 2 0 1 9 1 8 3 4 3 1 *